Jürgen Schabel

Blick auf Bamberg

Heinrichs-Verlag GmbH Bamberg

INHALT

Statt eines Vorwortes: Angekommen in Bamberg

von Bernd Goldmann

Viele Male besuchte ich Bamberg seit meiner Jugendzeit. Häufig geschah es auf dem Weg nach Coburg. Dreimal kam ich bewusst und zwar so, dass die Empfindung für die Schönheit der Stadt fortbestand.

1963, ich war 18 Jahre alt und Schüler der Ziehenschule in Frankfurt a. M., unternahmen wir eine Klassenfahrt in die Fränkische Schweiz und das malerische Tal der Wiesent. Von dort aus fuhren wir ins Obermaintal mit seinen Höhepunkten Kloster Banz, der Wallfahrtskirche Vierzehnheiligen und – wegen Adam Riese – Staffelstein.

Wir durchstreiften ferner einen Tag Bamberg, besichtigten den Dom mit dem eindrucksvollen Platz zwischen Alter Hofhaltung und Neuer Residenz – beides Zeichen einer vergangenen Herrschaft und Machtdemonstration.

Die Neue Residenz ist ein bedeutendes Zeugnis des bayerisch-österreichischen Barock. Noch heute kann ich nachempfinden, wie ich auf den Stufen zum Eingang saß und die Weite des Platzes auf mich wirkte, wie ich durch das mächtige Tor in den Innenhof der Residenz ging und die betörenden Düfte des Rosengartens mir entgegenkamen. Die Domtürme in ihrer Höhe und Mächtigkeit hatten zugleich etwas Filigranes und veränderten Aussehen und Größenverhältnis mit jedem Schritt, den ich als Betrachter tat.

Überrascht war ich weniger über den Renaissancebau als über die Alte Hofhaltung mit ihrem bescheidenen Fachwerk. Welche Persönlichkeiten waren dort ein- und ausgegangen? Welche Entscheidungen für Bamberg, die Region und das ganze Reich sind hier gefällt worden?

In Erinnerung blieb mir der Bamberger Reiter. Allerdings trat etwas ein, was ich seitdem sehr häufig gehört habe: Ich musste erst auf ihn aufmerksam gemacht werden, weil seine Platzierung unerwartet war und weil ich die Skulptur nach den Abbildungen als größer erwartet hatte. Ihre Bedeutung empfand ich erst beim zweiten Besuch.

Unvergessen blieb dagegen die Decke einer Kirche, die ich anschließend nicht mehr zu benennen wusste. Erst 1974 fand ich sie überraschend wieder, als ich anlässlich der Hans-

Fortsetzung S. 9

Die Ottokirche

Die Kirchtürme prägen die Stadtansicht von Bamberg

Klein
Venedig

Fortsetzung von S. 4

Henny-Jahnn-Ausstellung in Erlangen nach Bamberg zurückkam. Die Leiterin der dortigen Bibliothek machte mit mir einen Ausflug und zeigte mir neben dem Bamberger Reiter im Dom die Altstadt und zu meiner Überraschung mit der Klosterkirche St. Michael jene Decke, der schließlich mein erster Besuch und die Erinnerung gegolten hatte.

Das dritte Mal kam ich 1989 mit meiner Familie auf der Rückkehr von einer Ungarnreise von Passau aus kommend; wir fuhren an Regensburg vorbei. Bamberg hatte sich verändert. Wir parkten in der Garage „Schützenstraße", liefen die Lange Straße entlang, machten Rast im Café Graupner und gingen durch das Brückenrathaus zum Dom. Beim Plan, St. Michael zu besuchen, streikten die Kinder.

Meine Erwartungen bei der Anreise nach Bamberg im Juni 1997 waren groß; zugleich ängstigte ich mich. Noch heute spüre ich die Beklemmung vor dem Ungewissen, die Angst vor der Veränderung, obwohl ich sie herbeisehnte. Ich stand am Fenster eines Regionalexpress von Schweinfurt kommend in ungeduldiger Erwartung und sah die Silhouette von Bamberg im gleißenden Frühsommerlicht, die Altenburg, St. Michael und erst später den Dom, wie ich bei genauerem Hinsehen feststellen musste.

Ich wollte ein paar Tage in der Stadt verbringen, um ihre dauerhafte Lebensqualität zu erkennen. Ein freundschaftlicher Hinweis auf eine Anzeige in der Süddeutschen Zeitung ließ mich prüfen, ob ich mich um die Stelle als Gründungsdirektor des Internationalen Künstlerhauses Villa Concordia bewerben wolle. Ich besuchte das zukünftige Provisorium, das Joseph-Otto-Kolb-Haus am Schillerplatz 16, das neben dem Künstlerhaus meine Wohnung beinhalten sollte. Vom gegenüberliegenden Regnitzufer betrachtete ich die beeindruckende Villa Concordia sowie den Neuen Ebracher Hof am Kaulberg, der als Übergang bis zur Fertigstellung der restaurierten Villa Büro, Gemeinschaftsräume und Stipendiatenwohnungen und -ateliers beherbergen sollte.

Alle Gebäude waren nur von außen zu sehen, machten aber Lust auf einen Umzug. Die Stadt selbst mit ihren pittoresken Straßen, mit ihren Fassaden und den beeindruckenden Kirchen, ließen wenig Zweifel an dem angenehmen Gefühl, auch wenn sie mir als Großstädter ein wenig klein schien.

Fortsetzung S. 10

Fortsetzung von S. 9

Das Leben pulsierte im Sonnenlicht und machte den Aufenthalt der Touristen – ich war noch einer der ihren – angenehm. Am 1. November 1997 habe ich meinen Dienst angetreten.

Der 1. November ist gesetzlicher Feiertag. Die Straßen schienen ausgestorben, das graue Novemberwetter unterstrich diesen Eindruck. Fast wäre ich am Schillerplatz mit meinen wenigen Dingen, die mir meine Helfer in einem Kleinbus transportierten, nicht angekommen. Dreimal fuhren wir im labyrinthischen Einbahnstraßengewirr dieselbe Strecke. Nur durch einen Verkehrsverstoß fanden wir den Ausgang und schließlich das Ziel.

Diese Anfänge des Internationalen Künstlerhauses Villa Concordia lagen in einem Zimmer des Joseph-Otto-Kolb-Hauses mit einem Campingtisch, mit einer Tischlampe, einem einfachen Korbsessel, einem Max-Bill-Hocker (Ulmer-Hocker) und einem Colombo-Rollwagen sowie einem Gästeklappbett, zwei Koffern und einer Obstkiste aus Holz für Bücher. Hier bildeten Schlafzimmer, Salon und Büro eine Einheit. Wegen der Umbauarbeiten wechselte die Unterkunft häufig; ich wusste häufig abends zuvor nicht, wo ich am nächsten Tag duschen konnte.

Das Büro wurde täglich für einige Zeit mit der Telefonzelle am Schillerplatz vertauscht. Sie stand damals noch auf einer Insel neben einem wenig benutzten Kinderspielplatz. Das war nur zu verständlich, denn Autos und Busse umkreisten ihn. In der Zelle diente als Ablage ein Holzbrett über den hängenden Telefonbüchern, da die Post auf längere Zeit hin nicht in der Lage war, eine entsprechende eigene Leitung zu schalten.

Eine Überraschung für mich war die Zusammenarbeit mit dem Staatlichen Hochbauamt und den Handwerkern, die kenntnisreich und genau arbeiteten. Sie belustigten sich quasi als Nebenprodukt an meinem Sprachdefizit: Ich verstand ihren Dialekt nicht, und sie praktizierten voll Lust das Fränkische desto intensiver – besonders ausgeprägt bei einer gemeinsamen Brotzeit auf Bierbänken im barocken Treppenhaus, das ebenfalls eine Baustelle war.

Im Grunde hatte ich zuvor viele Wohnsitze in unterschiedlichen Teilen Deutschlands. In Bad Kissingen geboren, in Weißenstadt im Fichtelgebirge getauft kam ich vor meinem ersten Geburtstag nach Hiddesen bei Det-

Fortsetzung S. 13

Hotel

Fortsetzung von S. 10

mold am Fuße des Hermanns-Denkmal. Mit gut zwei Jahren zog ich zurück in die zerstörte Heimatstadt meiner Mutter, nämlich Düsseldorf. Durch die Versetzung meines Vaters nach Frankfurt gelangte ich mit 14 Jahren an den Main. Dort begann ich nach dem Abitur das Studium und führte es in Kiel und Heidelberg fort. Berufsbedingt lebte ich in Mainz, im Rheingau und in Wiesbaden. Durch den häufigen Wechsel lernte ich keinen Dialekt, für mich ein äußeres Zeichen einer Zugehörigkeit zu einem Landstrich. Für mich bildeten Menschen, die zu Freunden wurden, Heimat.

Ich habe mich nie vor der so häufig verpönten Provinz gefürchtet, die – nach dem Ausspruch eines bekannten Mannes – kein geographischer Ort, sondern eine geistige Haltung ist. So habe ich auch den Zirkel genommen und vor meiner Entscheidung nicht ganz unbefangen Kreise geschlagen, die mich ermutigten: Bamberg liegt zwischen Berlin, München und Frankfurt für mich quasi in der Mitte.

Bamberg ist mir zur Heimat geworden. Inzwischen durfte ich das Internationale Künstlerhaus Villa Concordia leiten und mich über meinen Ruhestand hinaus am kulturellen Leben der Stadt beteiligen. Es gab Lesungen und Vorträge im Barocksaal am Schillerplatz, es gab Konzerte in der Bibliothek des Dominikanerbaues und in der Symphonie an der Regnitz. Es gab Ausstellungen in der Villa Dessauer, im Collegium oecumenicum, im Dom und der TB 4 der Universitätsbibliothek. Der „Bamberger Weg moderner Skulpturen“ ist entstanden. Schriftenreihen wie die Bamberger Drucke, die Bamberger Punkte, die Bamberger Bände und die CD-Edition wie mit und für die Schulen „Oberfranken liest“ dokumentieren viele Aktivitäten.

Im Wettstreit der Künste komme ich mir vor wie Paris, der nicht weiß, wem er den Apfel reichen soll, der Literatur, der Musik oder der bildenden Kunst. Da ich keinen Krieg entfachen will, reiche ich den Apfel Bamberg und seinen Bürgerinnen und Bürgern, die mich auf- und angenommen haben und in mir den Wunsch entfachten: hier am schönen Schillerplatz in einem der typischen Bamberg Häuser – innerlich Mittelalter, äußerlich Barock – will ich auch zukünftig leben.

Flussansicht mit
Villa Concordia

Von Bamberg geprägt

von Tanja Kinkel

Bam-Berg: Betonung auf „Berg", wenn man Freunden und Verwandten glauben darf, die mich in meiner Heimatstadt besuchen. Sie geraten regelmäßig ins Keuchen, wenn wir uns auch nur die Füße vertreten, um von richtigen Stadtbesichtigungen ganz zu schweigen.

In der Stadt mit den sieben Hügeln aufzuwachsen, die an der Regnitz, nicht am Tiber liegt, hieß auf jeden Fall, flache Wege für leicht exotisch zu halten. Mein Kindergarten: auf dem Jakobsberg. Grundschule: Domberg. Gymnasium: Altenburg-Berg. Zuhause: Abtsberg. Sogar die Kindergartenlieder, die sich ohrwurmmäßig noch Jahrzehnte später in mir festgesetzt haben, hatten dieses Thema: „Ja wenn bei uns am Berg die Wörscht gebraten wern …"

Apropos Wörscht: In Bamberg aufzuwachsen, heißt auch, später im Münchner Exil etwas mitleidig auf die Versuche der Oberbayern zu blicken, Bratwürste zu grillen, oder das, was sie als „Bratwürste" bezeichnen. Bratwürste bleiben durch und durch fränkisch, vorzugsweise konsumiert auf dem Keller, worunter, für Auswärtige jetzt erklärt, ein Biergarten auf einem Berg zu verstehen ist. Unter bewusstem Garten liegen die Räume und Gänge, in denen früher Bier und Eisblöcke gelagert waren. Vom Abtsberg zum Stephansberg, wo der Spezial-Keller, der beliebteste Bamberger Keller liegt, ist es ein schönes Stück, nützlich, um sich die Bratwürste gleich wieder abzutrainieren.

Bam-Berg, Betonung auf Bam: Bim Bam, die Glocken nämlich. Als ehemaliges Fürstbistum haben wir davon eine Menge, und als ehemalige Domschülerin merkte ich erst, wie sehr ich an den Klang gewöhnt war, als ich Bamberg verließ. Es dauerte allerdings über vier Jahrzehnte, bis ich tatsächlich eine dieser Glocken auf Greifweite zu Gesicht bekam: Nur wenige Male im Jahr konnte man auch als angemeldeter Normalmensch wenigstens einen der Domtürme erklimmen und auf die Heinrichs- oder Kunigundenglocke in ihrer gigantisch-mittelalterlichen Pracht starren. Die ebenfalls mittelalterlichen Graffiti von gelangweilten Glöcknern im Treppenaufgang waren ein zusätzlicher Bonus. Als Kind war ich allerdings weniger von den Glocken fasziniert, als von den Schädeln, die damals noch in den Seitenaltären zur Schau gestellt wurden. Der Schädel des Kaisers Hein-

Fortsetzung S. 21

St. Michael
im Frühling

Magnolien-
baum am
Domberg

Im Dom

Frühling rund um
St. Michael

Fortsetzung von S.16

rich, der Schädel der Kaiserin Kunigunde, beide als Reliquien in Schreinen verehrt. Da der Rest der kaiserlichen Leichen sich offenkundig im von Tilman Riemenschneider gefertigten Grab befand, fragte ich mich als Achtjährige, die als Teil der Vorbereitung zur Erstkommunion durch den Dom wanderte, wer wann die Schädel abgetrennt hatte.

Der Dompfarrer von damals sagte mir noch Jahre später, meine Fragen seien ihm besonders im Gedächtnis geblieben. Dabei erbleichte er, und ich bekam ein schlechtes Gewissen, denn er war wirklich sehr nett.

Geformt hat mich auch die Alte Hofhaltung direkt neben dem Dom, wo im Sommer die Calderon-Festspiele stattfinden. Faust, Romeo und Julia, Wallenstein: alles Stücke, die sich meiner Fantasie umgeben von Bamberger Fachwerk einprägten. Als ich in Verona später den Balkon sah, den man sich als Repräsentanten der von Shakespeare imaginierten Capulets ausgesucht hatte, fand ich ihn entschieden dem der Alten Hofhaltung unterlegen. Da wären ja kaum Kletteranstrengungen von Seiten Romeos nötig gewesen!

Sieg der Fantasie über die Realität: wird in Bamberg auch im Hain gefeiert, für Nicht-Bamberger: der Stadtpark, hügelfrei und daher an sich schon nicht geheuer. Dort stößt man nicht nur auf Haingögerla (nicht mit dem Kunigundengeläut verwandt, obwohl der Name fast wie „Glöckala" klingt, mit fränkischem G, sondern lila-blau und zierlich) und Sonnenuhren, sondern auch auf ein Denkmal, das den geneigten Spaziergänger informiert: „An dieser Stelle begegnete E.T.A. Hoffmann dem sprechenden Hund Berganza."

Denkmälerinschriften neigen sonst dazu, blass und routinemäßig Würdenträger für militärische Leistungen zu glorifizieren. Nicht diese, und deswegen handelt es sich um mein Lieblingsdenkmal.

Bambercccchhh: weil das g nur von Auswärtigen so ausgesprochen wird. Vor Jahren besuchte ich die andere Sieben-Hügel-Stadt, die am Tiber, und stand am Ostersonntag auf dem Petersplatz. Schräg hinter mir hörte ich nicht nur deutsche, sondern spezifisch oberfränkische Laute. Ich drehte mich um. „Entschuldigen Sie," fragte ich, „sind Sie zufällig aus ..." „Bamberch!" riefen alle vier Mitfranken.

Sie prägt einen, diese Stadt. Und wir Bamberger erkennen uns überall.

P Altstadt

Blick von der Nonnenbrücke

Bamberg und das Sams

von Paul Maar

Als ich die Geschichte des schüchternen Angestellten namens Taschenbier erfand, zu dem an einem Samstag ein fantastisches Wesen namens Sams kommt, war für mich klar: Die Stadt, in der Taschenbier wohnt, kann nur Bamberg sein. Dabei wohnte ich zu diesem Zeitpunkt noch in Crailsheim. Warum also Bamberg?

Meine Großmutter war Bambergerin. Mein Großvater stammte aus Hallstadt. Er fand Arbeit in Schweinfurt, die Großeltern zogen um, meine Mutter heiratete in Schweinfurt, ich wurde dort geboren und wuchs in Schweinfurt auf.

Trotzdem war Bamberg für mich als Kind so etwas wie eine Traumstadt. Es gab nämlich noch eine Tante Anna, die in Bamberg geblieben war. Und die durfte ich in den Schulferien besuchen. Kein Wunder, dass sich „Bamberg" in meiner Vorstellung mit Ferien, warmem Sommerwetter, Eistüten und Baden in der Regnitz verband.

Die Geschichte vom schüchternen Herrn Taschenbier und seinem aufmüpfigen Sams wuchs und wuchs. Inzwischen war ich in die Traumstadt meiner Kindheit gezogen und hatte da ein Haus gefunden. Und von Band zu Band wurde der Schauplatz Bamberg konkreter. Nun war in den Büchern von der E.T.A.-Hoffmann-Straße die Rede. Der Bus, der Taschenbiers Sohn in eine Ski-Freizeit beförderte, fuhr am Schillerplatz ab. Es gab den Glühweinstand am Grünen Markt und die Generalsgasse.

Im Lauf der Jahre waren auch viele Film-Produktionsfirmen auf die Sams-Geschichten aufmerksam geworden. Es gab mehr als 20 Anfragen, zum Teil sehr konkrete Verfilmungs-Wünsche.

Zum Kummer meines Verlags lehnte ich alle Angebote erst mal ab. Ich fürchtete, ein Film, in dem mein Sams in Großaufnahme auf der Leinwand zu sehen war, würde die Fantasie der Kinder einengen, der Anblick einer angeklebten Sams-Rüsselnase würde ihnen die Illusion nehmen, dass diese Figur vielleicht wirklich existiert.

Schließlich überzeugte mich der Produzent Ulrich Limmer. Er lockte mich mit dem Versprechen, dass Nicola Piovani die Filmmusik komponieren und einspielen würde (der hatte gerade den Oscar für die Filmmusik von „Das Leben ist schön" gewonnen), dass Waldemar Pokromski die Sams-Maske machen würde (auch er war mehrfach für den Oscar nomi-

Fortsetzung S. 29

Am Sams-Haus vorbei in die Judenstraße

Der Schillerplatz

Bunte Stadthäuser in der Concordiastraße

Fortsetzung von S. 24

niert), und – für mich letztlich entscheidend: dass ich das Drehbuch schreiben würde, ein Mitspracherecht bei der Auswahl der Schauspieler bekäme und ein Veto-Recht bei der Wahl des Regisseurs.

Als dann Ulrich Limmer mit Ben Verbong nach Bamberg kam, um meine Zustimmung für diesen Regisseur einzuholen, führte ich Ben durch die Altstadt, erzählte, dass ich beim Schreiben immer diese Stadt vorm inneren Auge gehabt habe und schwärmte von der morbiden Schönheit der alten Fassaden in der Judenstraße.

Mein heimlicher Wunsch erfüllte sich: Der Film „Das Sams" wurde in Bamberg gedreht, die Stadt grandios ins Bild gesetzt.
Meine Bücher sind inzwischen in 40 Sprachen übersetzt und ich werde häufig zu Lesungen ins Ausland eingeladen. Immer führe ich eine DVD des Sams-Films im Gepäck mit.
Diese Lesungen laufen meist nach dem gleichen Muster ab. Etwa eine Veranstaltung in Tokyo: Ich schreibe den Veranstaltern, welche Seiten ich aus dem Buch „Eine Woche voller

Fortsetzung S. 33

Vor der Martinskirche

Im ehemaligen
Mühlenviertel

Die Altenburg

Über den Dächern der Stadt mit St. Otto im Hintergrund

Fortsetzung von S. 29

Samstage“ vorlesen will, bitte, dass man diese Seiten aus dem übersetzten Buch fotokopiert und jeweils auf die Stühle der Zuhörer legt.

So können meine Zuhörer den japanischen Text synchron mitlesen und gleichzeitig hören, wie ich meine Figuren intoniere, die Protagonisten durch Stimmhöhe und Sprechgeschwindigkeit voneinander unterscheide.

Im unmittelbaren Anschluss daran wird dann die gelesene und übersetzte Szene als Filmausschnitt auf der großen Leinwand gezeigt. Und obwohl die Schauspieler nicht synchronisiert sind, löst jetzt auch die deutsche Fassung großes Gelächter bei den Zuhörern aus.

Eine Frage wird nahezu immer nach der Filmvorführung gestellt. Nicht etwa nach den Namen der Schauspieler oder wer sich hinter der Sams-Maske verbirgt. Die meist gestellte Frage lautet: „Was ist das für eine wunderschöne deutsche Stadt da im Film? Wo liegt die?“

Vielleicht haben diese Filmvorführungen in Korea, China oder Japan tatsächlich dazu geführt, dass sich das Touristen-Aufkommen in Bamberg erhöht hat?

Falls dies der Fall sein sollte, hätte ich mir als Bewohner der oft überfüllten Altstadt keinen guten Dienst getan.

Bei den Gärtnern
mit Blick auf die
Ottokirche

Irrgarten am Michelsberg

Die Buger Spitze

Frühling am Domberg

Aussicht von der Touristen-
information auf Bamberg

über die heimat II

von Nevfel Cumart

mein vater
kehrt in die türkei zurück
er möchte nicht
in der fremde sterben

auch ich möchte nicht
in der fremde sterben
und entschließe mich
in bamberg zu bleiben

Im Garten der
Villa Concordia

Die Gebäude
der Mälzerei
Weyermann

Die ehemalige
Brauerei Maisel

Wunderburg

von Gudrun Schury

Immer sehe ich sie erröten von meinem Fenster aus. Morgens noch aprikosenzart im Dunst, wird sie mittags Papaya und im Abendlicht Orange. Um Mitternacht erbleicht sie wieder. Sie heißt Maria. Wenn du sie nicht kennst, führ auch ihren Zunamen an: Hilf. Für Bamberger bleibt sie die Wunderburgkirche. Östlich des Städtchens, zwischen dem Bleichanger der Wäscherinnen und der Handelsstraße nach Nürnberg, lässt sich im 14. Jahrhundert der fürstbischöfliche Forst- und Küchenmeister Friedrich von Rotenstein eine Hofstatt mit Kapelle errichten. Das Gebäude gerät so „festiglich und köstlich, daß man es heißet die Wunderburg". Das färbt aufs ganze Viertel ab. Aus dieser Zelle wächst die Wallfahrt zu Maria Hilf und endlich die jetzige neugotische Kirche. Ihr leuchtendes Gesicht hat sie von den Restaurierungen seit 1954: Verputz soll nun den Backstein schützen und Fassadenfarbe das alte Ziegelrot nachäffen. Mir aber ist sie Frucht.

Maria Hilf besitzt ein Pfarrhaus, einen Pfarrgarten und eine Pfarrgartenmauer mit Schaukasten. Geschickt bietet er der angrenzenden Haltestelle des 905er-Busses Lektüre. Auch dich unterhält der Kasten mit seinen Raritäten: Mittwochs gibt's Rorate, samstags Rosenkranz, Beichtgelegenheit und VAM, sonntags ein Konzert der Sängertreue. Kollekte für, getauft wurden, verstorben ist, anschließend Kaffee im Pfarrheim.

Jedes Jahr ersehne ich den Gipfel der Wunderburger Kerwa, einen Kirchweihbrauch wahrscheinlich wild heidnischen Herkommens. Die Augen verbunden, kommst du in die Obhut der Humsera, das ist Gemüsefrau. Zum Akkordeon beginnt ihr euren Rundtanz auf dem Rasen des Ulanendenkmals. Hoch oben auf seinem Sandsteinsockel reitet dort der schwarze Ulan mit der Fahne in den Tod. 34 Offiziere, 86 Unteroffiziere und 576 Mannschaften des Königlich Bayrischen 1. Ulanen-Regiments sterben im I. Weltkrieg fürs Vaterland. So steht's geschrieben. Mitte der 1950er bringen sie das Ehrenmal in die Wunderburg, wo noch ihre Kasernen – längst sind es Wohnhäuser – stehen. Erinnere dich: die Kaiser-Ulanen mit Pferden und Lanzen, bei Lagarde am 11. August 1914 von Kanonen und Maschinengewehren geschlachtet. Rührte es die Wunderburger? Trauerte der Wagen-

Fortsetzung S. 50

Fronleichnams-
prozession

BUCH & PRES

Die Buger Spitze

19
19
12
12

Fortsetzung von S. 45

wärtergehilfe Johann Backert in der Bughoferstr. 16 und weinte die Taglöhnerswitwe Anna Buchfelder, Kapellenstr. 20a?

Tief unter dem blutigen Ulanen endet nun die Musik, und du stehst da, schwindlig und blind, einen Dreschflegel in der Hand. Unter dem schreienden Dirigat der umherstehenden Wunderburger hast du einen tönernen Blumentopf als Surrogat des Hahns zu erschlagen. Wer an so einem Montag im Juli danebenhaut, geht mit Sellerie oder Radieschen davon. Der Hahnenschlagkönig indes eilt, seinen zwanzigflaschigen Gewinn abzuholen, am Brunnen vorbei zur Brauerei.

Das Stadtviertel Wunderburg lebt von seinen zwei Brauereien, einander gegenüber, doch Seit an Seit mit Hellem und Bock und Kellerbier. Ins links-

Fortsetzung S. 52

Frühling im Hain und in der Hölle

Hölle
7

Fortsetzung von S. 50

wunderburgische, ins rechtswunderburgische Brauereigasthaus kommen mittags die Straßenarbeiter zu Bratwürsten, Schäufala, Salzknöchla, Blauen Zipfeln. Abends folgen die Heimtrinker mit glasierten Bierkannen zur Befüllung an der Zapfanlage. Brauch ist, drei Schoppen zu zahlen und einen Liter mitzunehmen. Schon nachmittags sitzt man im Sommer draußen trinkend, ordert Dosenfleisch, Zwetschgabames, Tellersülze mit Musik, Gerupften. Die überlasteten Kellnerinnen werden geschont, indem keiner langatmig sie aufhält mit Bestellungen. Du stößt nur kurze Laute aus. Verlangt der eine „a U", ergänzt der andere „i a a U". Übersetze bloß im Stillen: „Ich hätte bitte gerne ein ungespundetes Bier" – „Ich hätte bitte gerne auch ein ungespundetes Bier". Im Mahrs Bräu, kaum spannenlang von Maria Hilf geschieden, bemerkst du eine lichtscheue Art des Biertrinkers. Der Wissenschaftler nennt ihn „Homo Robustus Babenbergensis Semperstans", der Bamberger schlicht „Stehgammler". Die Horde lebt eng gedrängt im Durchgang des Gasthauses, wo sie im Weg steht und trinkt. Ich aber bestaune ihren Bierwärmer.

Durch Wärme und Schlagfertigkeit seiner Rede zeichnet sich der hiesig Eingesessene aus. Ein Kunde der linkswunderburgischen Brauerei Keesmann trank seit je ausschließlich das dort gebraute „Herren-Pils". Man kannte den Jahr für Jahr Bierkästen in den Kofferraum wuchtenden Herrn wie einen Vetter. Bei dem Vorgang war ein Verkaufsgespräch nicht nötig. Irgendwann ergriff Brauereibesitzer Joseph Keesmann doch das Wort: „Schmeckt Ihna denn mei Bier, Herr Wagner?" Die Antwort „Aber Sie wissen doch, ich trink' es schon seit 30 Jahren" verleitete den Wunderburger Brauer zum zweiten Satz in drei Jahrzehnten: „Mä froocht hold amol". Dich aber fragt einmal keiner.

Warum du es aushältst hier? „Scherbenviertel" lästerten einst die Innenstädter. Jetzt ist alles rund. Die Wundertütenfabrik ist durch einen Baumarkt ersetzt, die Wunder-Bar schaltete vor langem ihr Rotlicht ab. Statt Gärtnerhäusern: sanierte Exgärtnerhäuser. Die Männer mälzen, und dann brauen sie, sie trinken, schiffen, und dann mälzen sie. Du lebst im Dorf. Hochzeiter hupen, der Zebrastreifen trägt Pferdeäpfel, Lastkähne ziehen vorüber. Sie prozessieren mit Jesus und Maria um den Block. Eine Teichschildkröte wird vermisst. Ich aber sage: Wundere dich nicht.

Schwäne an der Buger Spitze

Enten vor der Villa Concordia

Die Regnitz vom Hainbad bis zur Villa Concordia

In Bamberg angekommen

von Harry Luck

Dass Bamberg eines Tages zu meiner Wahlheimat werden sollte, wurde mir wohl schon in die Wiege gelegt. Es muss im Sommer 1972 gewesen sein, als meine aus Holland stammende Mutter hochschwanger als Touristin den Bamberger Dom besuchte. Ob meine Eltern am Kaisergrab entschieden, mich nach dem Heiligen Heinrich zu benennen, weiß ich nicht. Jedenfalls erzählten sie später oft von diesem Besuch.

Trotz dieser frühestmöglichen Prägung vergingen genau 18 Jahre bis zu meiner nächsten Anwesenheit in Bamberg: Im Sommer 1990 reiste ich mit meinem Schulfreund Ulrich mit dem „Tramper-Monats-Ticket" der Bundesbahn quer durch Deutschland. Um kostengünstig in Pfarrhäusern und Klöstern zu nächtigen, half uns ein Empfehlungsschreiben unseres Remscheider Heimatkaplans, das wir in zwei Versionen dabeihatten: Öffnete uns ein konservativ aussehender Priester mit Kollarhemd, zückte Ulrich die Version, in der unsere Qualitäten als Oberministranten gepriesen wurden. Bei Pfarrern mit Strickpullover zeigte ich die Version mit Würdigung unserer Gruppenleitertätigkeiten in der KJG. Welchen Zettel wir in Bamberg hervorholten, weiß ich nicht mehr. Aber ich erinnere mich gut, dass wir kurz vor dem WM-Finale mit Iso-Matten auf einem Steinboden in einem Kreuzgang schliefen. Vielleicht war es im Karmelitenkloster, vielleicht auch im Heilig-Grab-Kloster (wofür die Nähe zum Bahnhof spricht). Die klerikale Urlaubsreise trug vielleicht dazu bei, dass Ulrich heute Priester im Erzbistum Köln ist – und ich im Dienste des Bamberger Erzbistums für die Pressearbeit zuständig bin.

Auch mein dritter Aufenthalt in Bamberg war kurz und geschah bei einem Zwischenstopp auf der Durchreise von Süd- nach Norddeutschland: Ich parkte auf dem Domplatz, so wie viele andere auch, und besichtigte ausgiebig die Kathedrale und die Alte Hofhaltung. Danach waren die übrigen Autos verschwunden, an meinem klebte ein Strafzettel. Die unauffälligen Schilder, dass das Parken auf dem Domplatz nur während der Gottesdienstzeit erlaubt ist, hatte ich wohl übersehen.

Seit 2012 lebe ich nun mit meiner Familie in Bamberg – die erste Wohnung war zufälligerweise in direkter Nähe der Parkraumüberwachung. Aber ich lernte schnell, dass manche Bamberger auch ehrenamtliche Parkraumüberwacher sind: Immer wenn

Fortsetzung S. 62

Das ehemalige Landesgarten-
schaugelände auf der Erba-Insel

Der Rosengarten mit Blick auf St. Michael

Das Sandgebiet

Die Villa Concordia

Fortsetzung von S. 56

ich in verzweifelter Suche nach einem Parkplatz den Wagen mal unerlaubterweise auf einem Anwohnerparkplatz abgestellt habe, schallte mir durch ein offenes Fenster die Ermahnung entgegen: „Wasst scho, dass du doh fei ned baagn däffst!" (Alternativ bei weniger guter Laune: „Schau, dassd dein Kübel woannersch nohstellst.") An den unverwechselbaren fränkischen Charme habe ich mich heute gewöhnt. Und in unserer Wohnung auf der Erba-Insel haben wir zum Glück einen Tiefgaragenstellplatz. Nur Besucher von auswärts erleben immer wieder ihr blaues Wunder, wenn sie ein Knöllchen auf der Scheibe finden, weil sie beim Überqueren der Erba-Brücke nicht das winzige Schild gesehen haben, das für die gesamte Insel die Parkzeit auf eine Stunde begrenzt.

Dass wir mal auf der Erba-Insel wohnen wollten, war klar seit unserem Besuch auf der Landesgartenschau 2012. Dass dort in den folgenden Jahren tatsächlich Wohnraum geschaffen wurde, ermöglichte die Erfüllung dieses Traums. Nun bin ich also in der Sieben-Berge-Stadt zum Inselbewohner geworden, wo die Pyramidenhügel im Winter zum Rodeln, im Sommer zum Picknick und im Herbst zum Drachensteigen einladen. Ich genieße die kurzen Wege, und wenn ich mit dem Rad zur Arbeit am Domberg die Regnitz entlang an Klein Venedig vorbei fahre, können das andere im Urlaub nicht schöner haben. Welcher Katholik kann schon von sich behaupten, seinen Arbeitsplatz einen Steinwurf entfernt vom Grab seines Namenspatrons zu haben! Und dass ich als Autor von Kriminalromanen meine Bücher inzwischen in Bamberg spielen lasse, ist für mich der Beweis, dass ich in meiner Wahlheimat angekommen bin.

Bamberg zaubert

Im Rosengarten

Die erste Liebe

von Brigitte Löffler

Mit elf Jahren bekam meine beste Freundin Bettina, von allen nur Tini genannt, eine feste Zahnspange. Was zu Beginn bei ihr noch Tränenströme auslöste, stellte sich alsbald für uns beide als Glücksfall heraus. Denn das Folterinstrument in ihrem Mund bedurfte regelmäßiger Wartung. Und die erfolgte nicht dort, wo wir aufwuchsen. Alle paar Wochen ruckelten wir Unzertrennlichen von da an mit dem Zug von dem doch arg beschaulichen Lichtenfels in die „Großstadt". Ins rund 35 Kilometer entfernte Bamberg. In unseren Rucksäcken lagen zwei Geldbörsen mit je fünf Mark Inhalt, zwei Rückfahrkarten, ein (von Tinis Mutter entliehener) Lippenstift und eine Zahnbürste. Nach einem kurzen Zwischenstopp in der Praxis des Kieferorthopäden hatten wir danach alle Zeit der Welt.

Im Sommer schleckten wir ein Eis am „Gabelmoo" oder auf der Brücke zum Alten Rathaus. Dort suchten wir den kleinen Engelsfuß, der aus dem bunten Wandgemälde herausragt. Wer ihn als Erster entdeckte, durfte bestimmen, wie's weitergeht. Im Winter stromerten wir durch die zwei Kaufhäuser Bambergs oder drückten uns die Nasen an den Schaufenstern platt. Den Dom, die Martinskirche und die anderen sakralen Sehenswürdigkeiten ließen wir links liegen. Kirchen gab es schließlich auch in Lichtenfels. Nicht so aber eine Fußgängerzone, das Schnellimbiss-Lokal einer amerikanischen Fastfood-Kette, Cafés und Geschäfte, in denen dreihundertfünfundneunzig verschiedene Teesorten in dunklen Schubladen und Dosen auf Käufer warteten. Und erst recht gab es keine Studenten, denen man hätte zuschauen können, wie sie aus altehrwürdigen Gebäuden strömten und sich dabei eine Zigarette anzündeten.

Nach zwei Jahren waren Tinis Zähne schnurgerade. Der Kieferorthopäde und die Spange hatten ganze Arbeit geleistet. Und für mich stand fest: Bamberg ist die schönste Stadt der Welt. Wobei ich die Städte, die ich damals kannte, an einer Hand hätte abzählen können.

Heute, rund 35 Jahre später, lebe ich in der zur Weltkulturerbe Geadelten und weiß: Andere Länder haben auch schöne Orte. Die meisten mit Fußgängerzonen. Mit sehenswerten alten, manchmal auch mit sehenswer-

Fortsetzung S. 76

Lange Straße

Kaffeehaus
Beckstein
Bäckerei
HOTE
GEERS
Te
Gschw
PROFIL

Auf der Oberen Brücke

Die Regnitz bis zum „Eckerts“

Altstadtgassen mit Dom

Fortsetzung von S. 69

ten modernen Häusern, imposanten Kirchen, verwinkelten Gässchen, netten Straßencafés und bunten Märkten. Manche von ihnen liegen sogar am Meer. Haifa zum Beispiel, die Geburtsstadt meines Mannes. Von dort erhalten wir regelmäßig Besuch. Schwestern, Tanten, Cousinen, alte Schulfreunde. Jahr für Jahr fliegen sie aus Israel ein. Nach großem Hallo geht es immer und immer wieder in die Stadt. Über einen hölzernen Steg am Hollergraben in den Hain an das Ufer des von knorrigen Bäumen beschatteten linken Regnitzarms. Erste Frage: „Kann man hier wirklich schwimmen?" Erste Antwort: „Ja, kann man!"

Meine Kinder, zwei waschechte, weil hier geborene Bambergerinnen, füttern die Enten, während die Fähre Touristen und manch einheimischen Laufmüden von der einen Seite zur anderen Seite des Flusses bringt. Für uns geht es zu Fuß vorbei am internationalen Künstlerhaus Villa Concordia. Spätestens hier klicken zum ersten Mal die Fotoapparate. An der Oberen Mühlbrücke verweise ich auf meine erste Bude im Studentenwohnheim (klick), von dort schlängelt sich der gepflasterte Weg zum imposanten Böttingerhaus (klick). Wer jetzt nicht auf einen der Keller abzweigt, wird von mir persönlich in die Hölle geschickt, die hier praktischerweise gleich neben der Pfarrkirche „Zu Unserer Lieben Frau", im Volksmund nur „Obere Pfarre" genannt, liegt (klick). Dann rollt der Tross runter zum Pfahlplätzchen (klick). Und schließlich wieder rauf zum Dom (klick). Und noch ein Stückchen weiter zur Jakobskirche (klick). Und durch die Gasse am Aufseesianum-Internat unterhalb der Klosterkirche St. Michael (klick. „Wie viele Kirchen hat eigentlich Bamberg?" „Viele!") in die Sandstraße. Bamberg macht durstig. Und auch wenn ich mich selbst nach Jahrzehnten noch nicht an das Schlenkerla-Rauchbier gewöhnen konnte, ein Seidla muss sein. Wie wenn man in einen Schinken beißen würde, raune ich meinen Gästen zu. Ich ernte ein begeistertes Nicken.

Am Alten Rathaus der nächste Stopp: Beinchen suchen. Wer es als Erstes entdeckt, darf entscheiden, wie's weitergeht. Manche Dinge ändern sich eben nie. Und manchmal hält die erste Liebe doch ein Leben lang.

Im Hainbad an
der Regnitz

Schwimmen
im Fluss

Das Alte Rathaus

E.T.A.-Hoff-
mann-Theater

Die Alte
Seilerei

Ulanen-
denkmal
in der
Wunderburg

Der Untere
Stephansberg,
im Hinter-
grund das
Böttingerhaus

Die Neue Residenz

So fern und doch so nah

von Ulrike Grafberger

Geboren und aufgewachsen in Bamberg. Man spielt mit „Bubbn“ statt mit Puppen und geht sonntags brav in die Kirche. Später raucht man die erste Zigarette im Hain, versteckt zwischen Büschen und Berganza-Denkmal, und trinkt auf dem Spezi-Keller das erste Bier, auch das schmeckt nach Rauch. Man verbringt unbeschwerte Sommertage im Hainbad und hofft, dass beim Schwimmen in dem dunklen und träge dahinziehenden Fluss kein Fisch zubeißt. Man begeistert sich für Winnetou (unvergessen der Skalp im Karl-May-Museum), Basketball (wir sind Spitzenklasse!) und Fun-Boy-Radio (auch ich wollte „Radiosprecher“ werden).

Und irgendwann kam Bewegung in den trägen Fluss der Kinder- und Jugendtage und die Wellen des Lebens

Fortsetzung S. 92

Ruderer an der Schleuse 100

Gondelfahrt auf der Regnitz

Am Ottobrunnen

Das Adamsportal
am Bamberger Dom,
der ursprüngliche
Eingang für
die Gläubigen

Das ehemalige
Krankenhaus,
heute ein Hotel, und
das Stadtarchiv

Fortsetzung von S. 85

trugen mich nach Italien, in den Norden Deutschlands und schließlich nach Holland, wo ich an der Nordseeküste angespült wurde und noch heute verankert bin. Da sitze ich nun bei den *kaaskoppen,* doch ein Stück Bamberg sitzt immer neben mir.

Es erinnert mich daran, dass bei Heineken Hopfen und Malz verloren ist und es bei Weitem nicht mit Spezi, Mahr oder Mönchsambacher Bier mithalten kann. Ganz zu schweigen von dem Brot, dass eigentlich in Holland als solches nicht bezeichnet werden dürfte, denn es erinnert an Pappe, währenddessen ein Schüller-Brot nach Sauerteig, Roggen, Backofen und ganz viel Liebe zum Handwerk schmeckt. Es ist ein Brot mit Suchtcharakter, was in meinem Fall auch auf Limburger Käse mit Musik, Bamberger Bratwürste, Schäuferla und Schnitzel mit Kartoffelsalat übertragen werden kann.

Doch weil Bier, Brot und „Bradwörschd“ leider nicht zu mir nach Holland kommen, muss ich zu ihnen nach Bamberg. In den Bamberger Tagen esse ich auf Vorrat, am besten von allem etwas, denn man weiß ja nie. Und das Auto ist auf der Rückreise bis oben vollgepackt mit Dosenfleisch, Bärlauch-Pesto, Kloßteig, Bierkasten, rädergroßen Schüller-Broten (die duften so gut!) und mindestens zehn Bamberger Hörnla von der Bäckerei Seel, von denen noch vor der holländischen Grenze nichts als butterflockige Krümel übrig geblieben sind.

Zurück in Holland fehlt mir Bamberg nicht nur im Glas und auf dem Teller. Sehnsucht leidet auch das Auge, das sich an der Weite schnell platt sieht und nach Höherem verlangt. Sieben Hügel und mehr als ein Dutzend Kirchtürme hat Bamberg, umrahmt von den Ausläufern des Steigerwaldes und der Fränkischen Alb. Die schöne Stadt ist auch optisch herausragend und am besten vom Spezial-Keller aus zu bewundern.

Sehnsucht hat einen Kalender; es gibt Jahreszeiten-Fernweh. Im Frühling vermisse ich den knoblauchartigen Geruch des Bärlauchs, der den Boden im Hain bedeckt und ganz wunderbar im Salat schmeckt. Mir fehlt der überwältigende Anblick der Osterbrunnen im Bamberger Umland, die von vielen emsigen Händen mit Ostereiern geschmückt werden. Und wer noch nie eine Bamberger Fronleichnamsprozession erlebt hat,

Fortsetzung S. 97

Die Fischerei

25

Aussicht vom Karmelitenkloster

Das ehemalige Mühlenviertel mit dem „Eckerts“

Fortsetzung von S. 92

der kann sich nicht vorstellen, wie der Glaube Altäre versetzen kann und wie bezaubernd Männer mit Kränzen im Haar aussehen.

Im Sommer kann keine Strandbar der Welt mit einem echten Bierkeller mithalten. Und im Herbst locken die Bockbieranstiche mit starkem Gerstensaft, von dem man nur allzu gern mehr trinken möchte, aber nicht sollte. Und im Advent gibt es keine schönere Beschäftigung, als sich in die meterlange Krippe in der Oberen Pfarre zu vertiefen, die minikleinen Brötchen und Würste zu bewundern und – wie schon als Kind – nach der kleinen Katze zu suchen.

So vermisst man Bamberg mit Leib und Seele. Das ganze Jahr über. Und immer trägt man seine Heimatstadt im Herzen.

Blick über das Mühlenviertel in Bamberg

In der Alten Hofhaltung
mit Dom im Hintergrund

Sommer im Schwimmverein

Dom und Obere Pfarre

Rudern auf der Regnitz

Die Obere Pfarre

Karlheinz Dorsch

Friedrichstraße

Bamberg. Traumstadt der Deutschen!

von Heidi Friedrich

Ich wurde aus Versehen woanders geboren. In Düren, einer der hässlichsten Städte Deutschlands. Im Krieg zu 96% zerstört, die restlichen vier Prozent erledigte die Sparkasse und veranstaltete anschließend in ihren neuen Räumen die Ausstellung „Düren in alten Ansichten“. Die Ausstellungsbesucher seufzten, jedoch ohne großes Bedauern.

Bamberg, für mich ein architektonisch-ästhetisches Upgrade. Seit 25 Jahren hier beheimatet, aber natürlich niemals „vo do“! Wird mir meine Bamberger Nichtherkunft von der indigenen Bevölkerung zu intensiv um die Ohren gehauen, hilft nur noch Ironie und ich bestelle im „Schlenkerla“ einen Radlerschnitt. Die Bedienung starrt ihr Gegenüber verwirrt an, weiß nicht, ob es sich bei mir um eine Touristin, eine Einheimische oder um einen Gast handelt, der sich Bamberg nur als Lebensteilzeitheimat ausgesucht hat.

Im Moment bin ich mir da auch nicht so sicher.

Sommer am Fluss

Der Weinberg von St. Michael

Sandkirchweih
mit Feuerwerk
und Fischer-
stechen

Der Kranen mit Klein Venedig

Weg von Bug nach Bamberg

Am Kanal

Von Augenklappen und zerbrochenem Glas – eine kleine Piratengeschichte

von Martin Beyer

Für Eric Howden

Ich lebe seit beinahe zwanzig Jahren in Bamberg; für einen kompetenten Stadtführer halte ich mich aber keineswegs. So ist es für mich stets eine Herausforderung, Freunden und Besuchern die Stadt zu zeigen – wo anfangen, wo enden, was betonen, was verschweigen?

Besonders nervös war ich an einem Oktobertag, als ich den kanadischen Musiker Eric Howden vom Barockhotel abholte. Ich bin sparsam mit diesem Wort, kann aber sagen: Ich verehre diesen Künstler und sein Musikprojekt raised by swans, und es war mir gelungen, ihn nach Bamberg zu einem Konzert in der Villa Concordia einzuladen. Solche Begegnungen sind immer ein bisschen gefährlich, doch diese Ängste zerstreuten sich bald.

Als Eric Howden aus der Hoteltür kam und diese hinter ihm ins Schloss fiel, löste sich eine Glasscheibe und fiel krachend zu Boden. Bevor wir uns also mit Smalltalk plagten, kehrten wir die Scherben von den Pflastersteinen, lachten und erfreuten uns des sprichwörtlichen Glücks unserer Begegnung. Sauerbraten und Rauchbier minderten den Jetlag, und derart gestärkt begannen wir, durch die Straßen zu flanieren. Wir blieben in den Gassen des Mühlenviertels, sie sind mir die liebsten. Das schwarze Nachtwasser der Regnitz vor Augen und im Ohr, der Poet von Jerome Plensa leuchtete uns bunt den Weg und wir landeten im Eckerts bei dem einen oder anderen Glas Rum.

Als wir wieder an die frische Luft kamen, waren wir in der rechten Stimmung, in den Piratenmodus überzuwechseln. Imaginierten, wie wir Augenklappen aufsetzten – nebenbei ein guter Effekt, wenn man doppelt sieht – und ein gehöriges Chaos anrichteten, indem wir eines der großen Touristenschiffe, von denen ich erzählt hatte, mit leeren Flaschen, Weißwürsten und süßen Senf bombardierten. Bis die Polizei käme, um uns zu verhaften – und uns nur wenig später mit Handschlag und einem Orden wieder in die Nacht zu entlassen, als die Beamten über unsere eigentliche Motivation in Kenntnis gesetzt waren.

In solchen Nächten werden Freundschaften und neue Freunde der Stadt geboren.

In solchen Nächten kann Bamberg alles Mögliche und Unmögliche sein: sogar eine kleine Piratenstadt.

Die Regnitz mit der Leuchtskulptur von Plensa

zweiheimisch

von Nevfel Cumart

der ruf des muezzin
dringt in ein ohr
das läuten der glocken
erfüllt das andere

die trockene erde
rieselt durch die finger
der schnee schmilzt
in der anderen hand

die gebete des propheten
trage ich im herzen
das kreuz jesu
auf den schultern

der rauch des kebabgrills
zieht in die nase
der duft vom gerösteten malz
gesellt sich dazu

mit einem bein
bin ich
in bamberg
in adana
mit dem anderen

es geht
so gut
es eben geht

Unterhalb von St. Michael

Hauseingang am Domberg

Live-Musik im „Mondschein“

Der Dom

Der Wilde-Rose-Keller

Wilde

bambärch

von Gerhard C. Krischker

a schlugg schlengälabiä
a schwengä wairaach
a doon foddi sümbfoniggä
a bong im hain
a bligg foddä aldnburch

äs baa om oldn rodhaus
a dsaggn fom gooblmoo
äs lächln foddä kunni
di haud fo anä dswiifl
a grachä foddä sondkärba
a broodsaid auf am källä
a wosbraungmädännaweng
äs grüüna foddi domdüäm
a lesäbrief im eff-dee
a kaffeela im beggschdaa
a laina wäsch fo klaafenedich
a schdüggla fom himml o frolaichnom
di aussichd fom schbedsikällä
a ribaund fo di broses
a aingdoä fom eff-dsee
a radds foddä konkoddia
a schnörggsl fom böddingähaus
a schaumgroona drundn di müüln
deä oäsch foddä schwoonfäldära
a fäschbrächä fom deadä
a blangn fom hainbood
a bärln fo an roosngronds
a bläddärä fom hoffmoo
a gaisdäsblidds fom hegl
a keäddsn fom kaisäsool
a roosn ausm roosngaddn
a leebäkees-bröödla fom libbold
a bröödla fom sondbägg
a schliddnbaddii droom dä woldwiisn
a rodduä noch schammlsdoäf
a obschdechä noch gramäsfäld
a ausfluuch noch buuch
a schbrüchla fo miä

Kundigunde
auf der Unte-
ren Brücke

Maler vor
der Villa
Concordia

Am Hain-
weiher

Kompliment!

von Martin Pristl

Geht bestimmt auch in Köln, Kinder aufzuziehen. Rund zehntausend kommen dort, Tendenz steigend, jedes Jahr zur Welt – und werden mitunter sogar groß: Konrad Adenauer oder Mildred Scheel, Dirk Bach, Willy Millowitsch, Stefan Raab, Jacques Offenbach, Böll, Schätzing, Konsalik. Niedecken natürlich.

Sechs Jahre habe ich in dieser, für einen Bamberger großen Stadt gelebt – und genossen: den Dom, immer wieder; die Boule-Abende, die Büdchen, die in Bamberg einfach fehlen, die lauen Sommernächte am Rhein, das Grillen zwischen türkischen Großfamilien im Nippeser Tälchen; den Karneval gelegentlich (und immer mit ein bisschen Überwindung), das Kölsch, oder schöner ausgedruckt: das „Früh" am Abend. Das bei einer Blindverkostung heimlich zwischen Reissdorf, Gaffel & Co. geschmuggelte Fläschchen der Bamberger Brauerei Keesmann ist im Kölner Freundeskreis übrigens durchgefallen. War aber auch nicht wirklich fair, ein einziges untergäriges (Herren)pils mit zehn Flaschen obergärigem Vollbier zu vergleichen.

Köln ist keine schöne Stadt, erst recht nicht für jemanden, der in Bamberg geboren wurde und dort auch aufgewachsen ist. Aber Schönheit war kein Kriterium. Dass Köln lebenswert ist, zählte so viel mehr. Weil man als Autor das große Privileg hat, ortsungebunden zu sein, kann man sein Plätzchen frei wählen. Beim Schreiben kommt es allenfalls auf die Atmosphäre an, und die hat gestimmt. Das zweite Standbein, seit Jahren in Griechenland, war die perfekte Ergänzung: Stadt versus Strand, Kneipe versus Kafenion. Es waren die Gegensätze, die für die richtige Balance gesorgt haben – und womöglich auch heute noch sorgen würden, hätte sich da nicht, durchaus gewollt, aber dann doch überraschend, Nachwuchs angekündigt.

Plötzlich verschiebt sich mit den Prioritäten das vermeintlich stabile Gleichgewicht und man beginnt, über essentielle Fragen nachzudenken: Kann jemand, der mit Brodwöschd & Bressag groß geworden ist, seinem Kind „Himmel und Äd" (gebratene Blutwurst mit Kartoffelbrei) vorsetzen? Klar: Kaum wirst du Vater, kommt schon die Krise. Da ruft auf einmal das Bekannte, Wohlvertraute;

Fortsetzung S. 131

Die Aula im Dominikanerbau

Fußball im Schwimmverein

Karolinenstraße mit Altem Rathaus

WENZEL

Orlando
ZONE
SPAGHETTERIA
Eis

Fortsetzung von S. 126

da schlägt unvermittelt das Konservative in einem durch; da tun sich für die eigenen Eltern und angehenden Großeltern (= Babysitter) ganz neue Einsatzmöglichkeiten auf. Back to the roots.

Aber nein, das stimmt so nicht, denn dieses Mädchen, das sein Kommen ganz selbstbewusst durch ein Plus auf dem Teststäbchen angekündigt hatte, war ja nicht das erste Kind. Auch die ersten beiden sind nicht in der Heimat aufgewachsen, sondern in der Ferne, ganz im Süden, in Griechenland, in diesem Land am Ende Europas, das schon damals wenig schmeichelhaft als dessen Schlusslicht geschmäht wurde. Trotzdem war es damals schnell zur zweiten Heimat geworden und ist es bis heute geblieben.

Die Entfernung kann es also nicht sein, auch Babysitter finden sich letztendlich überall, „Himmel & Äd“ ist auch nicht schlimmer als Schweinebauch mit Bonakern (Bohnenkernen), und die Kostüme beim Kölner Karneval sind definitiv besser als die unsäglichen C&A-Dirndl auf der Sandkerwa. Es waren weder die Eltern noch die Angst vor der Fremde, die da durchgeschlagen sind, es war die Frage nach dem richtigen Ort, die sich gestellt hat für einen, der, wie schon erwähnt, arbeitstechnisch nicht gebunden ist: dem richtigen Platz für eine Familie.

Wenn man gebeten wird, einen kurzen Text für ein Buch wie dieses zu verfassen, dann ist einem schon klar, dass es letztendlich darum geht, ein paar positive Worte für diese Stadt zu finden. Seiten könnte man damit füllen, ganze Bücher, weil Bamberg eine Perle ist. Im günstigsten Fall sollte es zudem gelingen, seine Verbundenheit, Zuneigung und vielleicht sogar seine Liebe auszudrücken.

Was für eine schöneres Kompliment könnte man Bamberg aussprechen als jenes, nach fast 20 Jahren in der Fremde zusammen mit seiner Frau freiwillig zurückgekehrt zu sein, weil diese Stadt genau die richtige ist, um ein Kind in ihr großzuziehen.

Herbst am Kunigundendamm

Bamberg – wie ich zu dieser und in diese Stadt kam

von Mäc Härder

Bamberg – Traumstadt der Deutschen. Ich wohne demnach da, wo andere Urlaub machen.

Sie kommen aus Frankreich und aus Italien, aus den USA und Japan. Aus Lichtenstein und aus Lichtenfels. Die Fremden mögen unsere Stadt, diese heimeligen Gassen, den Zauber der barocken Gebäude, die Brückchen, die Kirchen und die Brauereien.

Sie sehen die Altstadt und denken, es wäre überall so. Aber an den Peripherien sieht Bamberg aus wie Wanne-Eickel, wie Duisburg, wie Schweinfurt, wie Kassel, wie alle Industriegebiete Deutschlands oder gar Mitteleuropas. Der Tourist, meist älteren Semesters, will die Schönheiten des Alten sehen oder um es kabarettistisch auszudrücken: „Erst wenn man selber eine Ruine ist, weiß man Ruinen zu schätzen."

Gibt es das überhaupt? Ein Bild von Bamberg? Ja, es ist dieses in Stein gehauene Stück Mittelalter, das auch Regisseure dazu animiert, Filme wie „Die Drei Musketiere" hier zu drehen.

Meine erste Bekanntschaft mit dieser Stadt war im Juni 1982, nachdem mir eine Freundin empfohlen hatte, Lehramt für berufliche Schulen zu studieren, was in meiner Fächerverbindung nur in Bamberg möglich war.

Ich kam mit dem Zug, stieg aus, schlenderte durch die Straßen, besah mir die damals winzige Universität und landete zum Verweilen am Maxplatz, auf dem am Westende ein paar simple Wasserspiele verwaist herumstanden. Dieser Ort war schon Anfang der 80er-Jahre kein Schmuckstück, wahrscheinlich gilt er seit dem Abbruch der Martinskirche im Jahre 1805 als Menetekel der Innenstadt. Es ist nicht die Aufgabe einer Kommune, jedes Gotteshaus zu erhalten, aber die Messen, die seither dort abgehalten werden, sind nicht geistreicher als vor der Säkularisation.

Ein leerer Platz war ein seltsamer Anblick für mich, der ich als junger Mensch die Fülle des Lebens suchte. Da ich vom Dorf und aus der Landwirtschaft kam, nahm ich dies billigend in Kauf. Schließlich erinnerte er mich an einen großen, stillgelegten Acker oder ein ödes Fußballfeld.

Fortsetzung S. 144

Kunst im Hain

Herbst im Hain

Oben der Verkehr, unten die Ruhe des Hains

Die Altenburg

Schiffsanlegestelle am Erba-Gelände

Das Fürstenportal am Bamberger Dom

Fortsetzung von S. 134

Im 2. Semester spielte ich mit Kommilitonen öfters Frisbee auf dem leeren Maxplatz und dafür ist er auch heute noch, gerade in den Abendstunden, hervorragend geeignet.

Nach meiner ersten Wohnung in Memmelsdorf war ich mittlerweile in eine WG über dem Fischgeschäft „Nordsee“ gezogen und genoss die kurzen Wege im Zentrum. Mal eben in Schlappen zum Bäcker gehen, mit den WG-Genossen einen Kasten Bier beim Fässla holen und in der dortigen Schwemm den echten Bamberger erleben („Do hau’ ich dir aana nei, bis du Haggela spotzt!“) – mir wuchs die Stadt ans Herz.

Mitte der 80er-Jahre unternahm ich mit meiner damaligen Freundin eine Reise durch Südfrankreich. Mit dem Baedecker durchstreiften wir Arles, Carcassonne und Nîmes und waren leicht enttäuscht von der im Buch beschriebenen, angeblichen Pracht dieser Städte. Erst später merkten wir, dass wir von der Bamberger Stadtansicht und Architektur verwöhnt waren. Als meine Frau und ich am Ende des Studiums und am Ende der 80er-Jahre entscheiden mussten, wohin unsere Wege führen sollten, plädierte sie für Berlin und ich für Wien.

Darum sind wir in Bamberg geblieben. Ich habe es nicht bereut, auch wenn der große Schriftsteller und Literaturnobelpreisträger Elias Canetti einmal schrieb:

„In einer wirklich schönen Stadt lässt sich auf die Dauer nicht leben – sie nimmt einem die Sehnsucht.“

Jede Säule des Fürstenportals ist anders gestaltet

Der Dom – ein Turm ist immer eingerüstet

Antiquitätenmarkt im Oktober

Am Hainweiher

Das Alte Rathaus

Der „Eisbach"
im Hain

Konzert im Kreuzgang
des Karmelitenklosters

Am Hainweiher

Großer Antiquitätenmarkt
im Oktober

SIGNATIVS

„Bamberch muss mer mööng!“

von Wolfgang Wußmann

Dieser Satz könnte von einem begeisterten Bamberg-Besucher stammen. Aber Sie merken schon, wohl kaum in Mundart. Als Nachkriegskind in Bamberg geboren bin ich in der Nähe des „Spargels“ (= Ottokirchturm) aufgewachsen. Dort lebe ich bis heute.

Da waren von Anfang an liebe Berührungen mit dieser Stadt: Mein Zuhause, auch mit einer Oma, die wohl den Grundstein für die Mundart bei mir gelegt hat. Mein Kindergarten St. Josef mit der lieben Schwester Reinhilde. Ab meinem 4. Lebensjahr besuchte ich – allein mit dem „Neuner“ oder „Hainbus“ (Linie 9) fahrend – die heute noch bestehende Einrichtung. Der Kindergarten St. Otto war noch nicht fertiggestellt. Bei den täglichen Fahrten durfte ich bei den meisten Fahrern die Haltestellen mit ausrufen und auch mal den elektrischen Türknopf bedienen. Die Gärtner, wo ich die Milch direkt von der Kuh bei die Betz in der Gasfabriksgass' holte, beeindruckten mich wohl frühzeitig, auch weil ich bis heute von meiner Wohnung aus auf noch bestellte Felder blicke und auch unter Gärtner-Kindern aufgewachsen bin. Da war auch noch der „Gasbockl“ (= Industriebahn, die durch die Jäckstraße Kohle zur Gasveredelung ins Gaswerk transportierte). Auf dem „Bockl“ durfte ich dank Lokführer Adi Stenger (Bamberger Box-Legende) öfter bis zum Gaswerk mitfahren und dadurch meinen Schulweg höchst spannend erleben. Der Viehhof war – während und außerhalb des üblichen Betriebs – für uns Buben ein abenteuerliches Eldorado mit vielen Möglichkeiten. Da war die Luitpoldschule, in der ich Schüler und später als Lehrer tätig war. Auf unserem Schulweg querten wir die Allee an der Siechenstraße. Ungeteert bot sie uns die Möglichkeit, mit dem Absatz im Erdboden die notwendigen Tatzerlöcher auszuheben, um dann im Wettbewerb nach Regeln um die Tatzer (= Schusser, Murmeln) zu spielen. Als langjähriger Ministrant war unter den geistlichen Herren Johann Heberlein und Andreas Köbrich (St. Otto) viel zu erleben. Die Treue zur Pfarrgemeinde St. Otto schlug sich später in einem über 30-jährigen Engagement (u.a. Jugendarbeit) für die Pfarrei nieder. Herrliche Jugend- und Senioren-Pfarrfahrten waren stets Höhepunkte der vielseitigen Arbeit.

Fortsetzung S. 157

Lichternacht im Dom

1000-jähriges Jubiläum St. Michael

Am Dom-
berg

Lebensader
Bambergs:
die Regnitz

Fortsetzung von S. 153

Nicht zu vergessen der Fußball, der mich von der Schüler- bis zur Altherren-Mannschaft beim FC 01 Bamberg und bei der DJK Don Bosco in den Bann zog. Und dann war da natürlich meine Gymnasialzeit am Alten Gymnasium hinter der Martinskirche (heute UNI), wo wir viele interessante Lehrertypen kennen lernen durften.

In dieser langen Zeit mit Höhen und Tiefen bis zum Abitur verlor ich trotzdem nie den Kontakt zur Katholischen Jugend St. Otto. Erst im Alter von 40 Jahren – zu der Zeit, als ich Lehrer in Oberhaid war – wurde mir so recht bewusst, was Bamberg in vielerlei Sicht vor Ort zu bieten hat. Die reiche Geschichte bewegte mich von nun an, über Bamberg mit der „Schere" zu lesen und zum Gästeführer zu werden. Daraus entwickelte sich eine bislang über 25-jährige Hobby-Laufbahn als Schriftsteller mit zahlreichen Veröffentlichungen. Dabei stand Bamberg mit seiner reichen Geschichte und seinen vielen Facetten fast ausschließlich im Mittelpunkt. Bamberg-Führer in drei Sprachen, ein Bamberg-Lexikon, ein Mundartwörterbuch, ein Gärtnerbuch und etliche andere bis hin zu einer Reihe von Quizbüchlein entstanden über diese fantastische Stadt. Oft dachte ich: „Jetzt fällt dir nichts mehr Neues ein." Dann gab es doch immer wieder eine Idee. Nach Beendigung des pfarrlichen Engagements folgte 2002 noch eine politische Phase als Stadtrat, die spätestens 2020 zu Ende geht. Ob so oder so!

Doo kummsd ned drumrum: „Bamberch muss mer mööng!"

Herbst im Hain

Blick auf die Luitpoldbrücke

Hi Hain!

von Rolf-Bernhard Essig

Im Rahmen aus Regnitzwasser ist Platz für tibetische Zweige, Fledermäuse, Marienerscheinungen, Eisvögel und Heimattreue. Gevatter Hain bleibt ein Idealpate: auch für Gänse aus Kanada, für Steinmetze und Botaniker, für Biber, Eichenböcke und Spinnerprozessionen. Sie finden Kaiserkronen, Sonnenwenden, -uhren und rotwcißc Schachfans mit Neigung zum Nicken. Emsig dazwischen in der Früh die grünemsigen Jätpflanzschneidexperten, vorbildlich eher wenig redselig.

„Meine Rede!", redet Berganza lapidar. Hoffmann kommt das spanisch vor. „So einen Hund", denkt er sich dann doch stolz, „lock nur ich hinterm Ofen hervor." Plop, plop, plop geht er den Weg gen Italien.

Weg ist freilich nicht nur er: weg die Betbank unter der Blutbuchenkönigin, weg der Trimmdichpfad und die dreiköpfige Russinnenputzkolonne für König Ludwig. Bei ihm ist wieder viel Moos und wenig los.

Mehr im Ruderclub, wo die Steuerleute kein Essen ausrufen. Beinahe ging selbst das nahe Hainbad baden. Unterhalb giert schon die Fähre nach Gästen.

Wir zwei gondeln durch Zwiebelduft und weißlila gespornte Lerchen. Der Rest ist Nepomuk.

Abendstimmung im
Bamberger Hafen

Ein Leben ohne Bamberg? Unvorstellbar!

von Wolfgang Reichmann

Was wäre wenn? Was wäre wenn meine sächsischen Eltern vor dem Krieg nicht nach Bamberg gekommen wären? Wenn meine Mutter samt Schwester 1945 aus dem zerbombten Haus in der Kunigundenruhstraße nicht in Waizendorf bei Bauersleuten über dem Kuhstall untergekommen wären? Wenn mein Vater nach überstandenem Wüstenkrieg nicht schon im Februar 1947 aus amerikanischer Gefangenschaft nach Hause gekommen wäre? Und wenn die Familie nicht 1951 nach Bamberg gezogen wäre?

Ein Leben woanders? In einem Dorf oder in einer Großstadt? Für mich unvorstellbar! Hier kenn ich mich aus, hier habe ich meinen Freundeskreis, hier bin ich „groß“ geworden.

Und dabei glaube ich fest, dass die 60er- und 70er-Jahre gerade in dem kaum zerstörten Nachkriegs-Bamberg die unbeschwertesten und sorglosesten für einen Heranwachsenden überhaupt waren.

Hier, wo sich Tradition, Lebensqualität und manche Kuriositäten einträchtig zusammenfinden, wollten schon meine Eltern für immer wohnen. Nirgendwo anders gibt es eine Himmelreichstraße und die Hölle, einen Paradiesweg und den Teufelsgraben, und das E.T.A.-Hoffmann Theater am Schillerplatz.

Bamberg, die Stadt mit seinen sechs „B“s: Bier, Bischof, Barock, Basketball, Baustellen und (B)flaster, vereinigt alles mit einem Augenzwinkern liebevoll und irgendwie charmant.

Wer in der damaligen Wunderburg, die im Volksmund despektierlich als „Klein-Chicago“ oder „Glasscherbenviertel“ bezeichnet wurde, zur Schule ging, als in der Pause noch Jungen und Mädchen durch einen Kreidestrich getrennt und Linkshänder verpönt waren, der merkt erst viel später, wie heil die Welt damals doch war. Bei Wind und Wetter im Hain auf den Fußballplätzen gebolzt, auf Bäume geklettert, Fische gefangen und „Feuerla gschürt“. Zu Hause rumsitzen, gab's nicht.

Mit dem ersten gebrauchten Auto konnte man noch auf dem Domberg

Fortsetzung S. 168

Antikmarkt vor dem „Gabelmann“

In der Brose Arena

Die Bamberger Symphoniker (Bild rechts oben)

Konzert in der Neuen Residenz

Fortsetzung von S. 164

parken und die achtundvierzig Stufen in die Sandstraße heruntersteigen, wo die Kultkneipen „Der Schlüssel" und der „Weinstadel" ihre magische Anziehungskraft ausübten.

Die Symphoniker spielten noch im Kulturraum, ohne schreckliche Glastüre, Studenten und Touristen prägten noch nicht das Stadtbild. Überall war man quasi unter sich, jeder kannte (fast) jeden. Im „Zentralsaal", „Bootshaus" und in der „Hoffmannsklause" fanden die berühmt-berüchtigten Faschingsbälle statt, und die Basketballer des 1. FC Bamberg verteilten in der John-F.-Kennedyhalle ihre Körbe. Während der amerikanische „Three Top Club" zur Jazzszene avancierte, erstürmten die Melodas die Tanzböden der Umgebung. Kirchweihen waren mehr Volksfeste als Kommerz. Das 1000-jährige Bamberg errichtete eine Fußgängerzone und ließ den verhassten Röhrenbrunnen verschrotten.

Bamberg war schon immer voller Windungen und Wandlungen. Langweilig wurde es nie und wird es wohl auch nie werden. Und das ist gut so.

Aber ist das noch mein geliebtes Bamberg? Die Stadt mit dem Welterbeflair und dem Kleinstadtfeeling. Ist das noch meine heile Welt, in der sich so viel verändert hat? Wo man sich die Köpfe heiß redet über Mohrenhaus, Bayerlein-Bilder und Sitzmöbel auf dem Maxplatz, Touristenboom, Brückendesaster und Verkehrschaos, Immobilienpreise, Sandkerwa, Wolfsschlucht, Theaterabos und Flüchtlinge, so, als ob es keine anderen Probleme gäbe? Aber die Zeit bleibt halt – auch wenn man manchmal das Gefühl hat – nicht vor Bamberg stehen und hinterlässt auch manch unsägliche Spuren.

Wenn ich aber die Gelegenheit habe, besuchende Freunde oder Gäste durch die Stadt zu führen, stelle ich immer wieder aufs Neue nahezu überraschend fest, wie schön Bamberg eigentlich noch immer ist.

Und plötzlich beschleicht mich ein bisschen Stolz und ein unbeschreibliches Glücksgefühl, dass der Herrgott mich ausgerechnet hier hat leben lassen.

Und das macht Bamberg für mich allen anderen Städten überlegen.

Am Weiden-
damm

Der Wilhelms-
platz

Unser Engel
Sophie

Die Schlösser an der
Kettenbrücke

Heute back ich, morgen brau ich ...

von Nora Gomringer

Der amerikanische Schriftsteller Mark Twain hatte – bummelnd durch Europa – nicht gerade Freundliches für die Deutschen und vor allem ihren Kaffee übrig. Immerhin aber waren es auch nur drei Zutaten, die bei seiner Herstellung Verwendung fanden: Wasser, eine Zichorie und eine Bohne, die – laut Twain – am Gemüse gerieben wurde. Dann das geschmacklich allzu dünne Getränk mit „bläulicher" Milch in eine kalte Tasse, so versetzte es den mäkelnden Autor in Aversion.

In der Stadt, die ich seit 1996 bewohne, fließt nicht Kaffee, sondern Bier in Strömen. Diese Ströme ergießen sich seit Jahrhunderten und heutzutage aus den Zapfhähnen von neun Privatbrauereien. Bisweilen kann man's auch fest genießen: Es gibt Biereis. In so einen edlen Gerstensaft, da gehören seit dem „Herzoglich Bairischen Reinheitsgebot von 1516" Gerste, Malz und Wasser. Basta.

Mälzereien sorgen bei Wetterumschwung für ein duftintensives Stadterlebnis. Man schweift umher und alles ist in Malz getaucht: vom Spiel der Symphoniker zur Betrachtung der modernen Kunst am Ort. Malz hält sich in den Sinnen und im Gedächtnis. Bucht man eine Tour der Brooklyn Brewery bei New York City, so liegen dort die Säcke der Bamberger Mälzerei Weyermann und so ist die Welt wieder etwas kleiner, passt fast auf den Boden eines Kruges, in meiner Stadt Seidla genannt. Bierkennern fällt beim Wort Bamberg sofort das Rauchbier ein. Traditionsgemäß waren in früheren Zeiten viele Biere „Rauchbiere", da sie unter Verwendung geräucherten Malzes entstanden. Heute

Fortsetzung S. 179

Winter im Hain

E.T.A. Hoffmann im Mantel

Globus im Historischen Museum

Treppenhaus im Marschalk-von-Ostheimschen-Haus in der Karolinenstraße (Bild oben und unten)

Deckenmalerei im Kaisersaal der Neuen Residenz

Winter im Gärtnerland

Fortsetzung von S. 172

brauen die Brauereien Schlenkerla und Spezial diese Biersorte, die einem vorgaukelt, man würde ein Stück Schinken in flüssiger Form genießen. Es ist oftmals ein dunkles Bier, einige Tupfen heller als Guiness, „auf dem Keller“ im Bierkrug ausgeschenkt, aber auch aus dem Glas genossen. Wo man „nai die Bosch“ zum Arbeiten und „nauf die Keller“ zum Entspannen geht, da liegt Bamberg sprachtopographisch in den fränkischen, ja präziser, den hochfränkischen Raum eingepasst. Die Keller sind die Biergärten, die im wahrsten Sinne über den Lagerstätten der Brauereien alter Zeit eröffnet wurden und im Sommer Einheimische wie Touristen hinanlocken, sogar noch über die Erhebung des Dombergs hinaus.

Gut 280 Liter Bier im Jahr werden den rund 72.000 Kehlen der Stadt per capita zugesprochen. Das Trinken der besonderen Biersorten Bambergs – nicht umsonst heißt die Domstadt auch „heimliche Hauptstadt des Bieres“ – ist eine so herrliche Angelegenheit, das man mit einem Bierfahrrad, einem Bierdiplom, einer Bierdegustation im Landkreis, der ebenfalls Ausgezeichnetes produziert, verschiedenen Biermenüs seinen Aufenthalt abrunden, aufrunden oder auch einfach nur sich selbst „runden“ kann.

Seit gut sechs Jahren führe ich mit jedem erwachenden Jahr eine Gruppe von neuen Stipendiaten auf Einladung des Freistaates Bayern durch den Ort und erzähle davon, wie man in Bayern auch zur Fastenzeit, Bier trinken darf, weil es zur Stärkung beiträgt und die Menschen bei Laune hält. Das leuchtet fast allen ein und mutig probierten Portugiesen, Isländer, Schweizer, Russen, Spanier, Norweger (die besonders gerne!) und derzeit Italiener das süffige, schinkige Rauchbier. Und sehr oft bewahrheitet sich im Laufe eines Abends die alte Regel: Dreimal sollst Du’s bestellen und beim vierten Mal wird’s Dir schmecken. Strahlend die Gesichter derer, die sich mit Wonne ein Seidla bestellen und es genießen wie eben nur Kenner den giftigen Kugelfisch der Japaner, die Tausendjährigen Eier der Chinesen, den Buttertee der Tibeter. Der Genuss des Getränkes verbindet die Generationen in dieser Stadt. Schon als Schüler wächst man in die Tradition des Bierstaates Bamberg, wenn am letzten Augustwochenende die Zapfhähne ihr Krähen nicht mehr lassen wollen und Tausende Besucher die Stadt fluten, auf den Schaumkronen der Biere wogt da die Masse. Die

Fortsetzung S. 182

Luitpoldbrücke mit Erlöserkirche

Fortsetzung von S. 179

Sandkerwa, eine Variation der Kirchweih, im gleichnamigen Sandgebiet der Stadt, wird ausgerufen und wer an Brueghel denken möchte, der darf.

Im Jahr 2016 erhielt übrigens Prof. Dr. Ludwig Narziss den Bamberger Bierorden. Mit dem Brauwissenschaftler Jahrgang 1925 ließe sich sicherlich das ein oder andere Wort zur Getränkekultur Deutschlands genüsslich ausschütten, ja über die Materie ergießen. Freilich säße ich stets mit „weißer Limo“ da, weil über diese, meine Lippen – außer nach einem Kuss, getauscht mit dem ein oder anderen Genießer – noch kein Tropfen Gerstensaft jemals in meine Kehle kam. Wie dies geschehen kann? Zur Antwort schenk ich hier das „Bamberger Lächeln“ und lass meinem Nächsten die Freude an den statistisch mir zugedachten 280 Litern.

Schlittschuhlaufen am Hainweiher

Am alten Rangiergelände

Das Gärtnerland
in der ruhigen
Jahreszeit

Der Hain
im Winter

Die Mälzerei
Weyermann

Der Fotograf

Jürgen Schabel
Geboren 1962 in Siebenbürgen, Rumänien.
Er lebt seit 2008 als freischaffender Fotograf in Bamberg.
Seit 1995 Ausstellungen im In- und Ausland, 2017 unter anderem in Berlin, London, Banja Luka und Dublin.
Zahlreiche Buchprojekte, zuletzt „Aber so kommen Sie doch mit hinunter zum Fluß ...“ mit dem Philosophen Reinhard Knodt, PalmArt-Verlag Berlin, und „Der Stille Blick – Die traumhafte Welt des Bamberger Vogelsaals“.
Preisträger internationaler Wettbewerbe.
Arbeiten in privaten und öffentlichen Sammlungen (unter anderem USA, Großbritannien, Schweiz, Finnland, Ungarn).
Seit 2014 Mitglied im Berufsverband Bildender Künstler (BBK).
2015 Berufung in die DGPh (Deutsche Gesellschaft für Photographie).

Die Autoren

Heidi Friedrich

Lebt in Bamberg und der Steiermark. Studierte Dipl. Sportwissenschaft an der Sporthochschule Köln, bis 1992 Ensemblemitglied des Wiener Serapions Theaters. 1993 Gründung des Kabarettduos „Die Tanten". Ab 2002 Kabarettsoloprogramme, Regien sowie Buch-und Bühnenprojekte mit Lieblingskollegen.

Ulrike Grafberger

Geb. 1967 in Bamberg, lebt als Reisebuchautorin im Den Haager Stadtteil Scheveningen an der Nordseeküste. Für den Heinrichs-Verlag hat sie den Gastronomieführer „Bamberg geht essen" geschrieben. *www.ulrike-grafberger.com*

Nora Gomringer

Schweizerin und Deutsche, lebt in Bamberg. Sie schreibt, vertont, erklärt, souffliert und liebt Gedichte. Alle Mündlichkeit kommt bei ihr aus dem Schriftlichen und dem Erlauschten. Sie fördert im Auftrag des Freistaates Bayern Künstlerinnen und Künstler internationaler Herkunft. Dies tut sie im Internationalen Künstlerhaus Villa Concordia. Und mit Hingabe. *www.nora-gomringer.de*

Dr. Tanja Kinkel

Geboren 1969 in Bamberg, studierte Germanistik, Theater- und Kommunikationswissenschaft und erhielt di-

verse Literaturpreise, Stipendien in Rom, Los Angeles und an der Drehbuchwerkstatt in München. Sie ist Beirat im PEN-Präsidium, veröffentlichte achtzehn Romane, die in mehr als ein Dutzend Sprachen übersetzt sind; unter anderem „Die Puppenspieler", „Götterdämmerung", „Säulen der Ewigkeit" und „Grimms Morde". Tanja Kinkel ist Schirmherrin der Bundesstiftung Kinderhospiz. 1992 gründete sie die Kinderhilfsorganisation „Brot und Bücher e.V."

Brigitte Löffler
Geboren 1970 in Lichtenfels, verfasste bereits als Jugendliche erste Berichte für die örtliche Presse. Nach ihrem Germanistikstudium in Bamberg volontierte sie bei einer Tageszeitung in Coburg und arbeitete im Anschluss in

verschiedenen Lokalredaktionen, bis sie zur Nachrichtenredaktion wechselte. In dieser Zeit reiste sie in zahlreiche Krisenregionen der Welt – ein Grund von vielen, warum sie sich heute mit ihrem Mann in der Flüchtlingshilfe engagiert. Seit 2014 ist sie freie Journalistin, betreibt ein Lektorat und schreibt unter anderem für das Wochenendmagazin der Zeitungen Neue Presse, Frankenpost und Freies Wort die Kolumne „So oder so", in der sie über die manchmal kuriosen, oft nervenaufreibenden, aber immer wieder schönen Seiten des Lebens mit Kindern berichtet. Zu ihrer Familie zählen neben ihrem Mann zwei erwachsene Söhne, zwei Töchter im Alter von acht und elf Jahren und seit Kurzem ein erstes Enkelkind.

Gudrun Schury

Geboren 1959 in München, lebt seit 1980 in Bamberg, seit 1991 in der Wunderburg. Sie studierte Neuere deutsche Literaturwissenschaft und Kunstgeschichte, war lang in einem Projekt der Bayerischen Akademie der Wissenschaften tätig. Seit Anfang 2001 ist sie freiberufliche Autorin, Literaturwissenschaftlerin, Publizistin, Lektorin und Dozentin. Sie arbeitet für Museen, Presse und Rundfunk, schreibt unterhaltsame Sachbücher, Biografien und Kinderbücher. Letzte Veröffentlichungen sind „Ich Weltkind. Gabriele Münter. Die Biografie“, „Schlimme Finger. Eine Kriminalgeschichte der Künste“ (zus. mit Rolf-Bernhard Essig) und das Kinderbuch „Lumpi, Lampe, Luftballon. Das Dingebuch für Alltagsforscher“.

Martin Beyer

Geboren 1976, ist promovierter Germanist und arbeitet als Schriftsteller und Dozent für kreatives Schreiben und Storytelling in Bamberg. Martin Beyer kuratierte fünf Jahre das Literaturfestival Bamberg liest und ist Mitinitiator des Bildungsprojekts Märchenakademie. Zusammen mit Nora Gomringer ist er Begründer der Veranstaltungsreihe Villa Wild. 2009 erschien im Klett-Cotta Verlag sein Roman „Alle Wasser laufen ins Meer“, 2013 der Erzählband „Mörderballaden“ bei asphalt & anders, für den er mit dem Bayerischen Kunstförderpreis ausgezeichnet wurde.

Nevfel Cumart
Geboren 1964, studierte Turkologie, Arabistik, Iranistik und Islamwissenschaft und lebt seit 1992 freiberuflich

als Schriftsteller, Übersetzer und Journalist in Bamberg. Er veröffentlichte bislang achtzehn Gedichtbände in Deutsch, Englisch und Türkisch sowie eine Sammlung mit Erzählungen, außerdem zahlreiche Beiträge in Anthologien. Gedichte von ihm wurden ins Polnische, Russische, Dänische und Griechische übertragen. Cumart übersetzte Prosa und Lyrik türkischer Autoren und publizierte unzählige Aufsätze und Rezensionen über die türkische Literatur der Moderne. Für sein literarisches Werk erhielt er zahlreiche Stipendien und Literaturpreise. In 2014 überreichte ihm Bundespräsident Gauck persönlich das Bundesverdienstkreuz am Bande.

Rolf-Bernhard Essig
Geboren 1963 in Hamburg, lebt als Autor, Kritiker, Entertainer in Bamberg. Bekannt wurde der promovierte Germanist und Historiker mit Radiosendungen zu Redensarten wie „Essigs Essenzen" oder „Und jetzt mal Butter bei die Fische!" (Deutschlandradio Kultur, SWR). Seine Bücher für Erwachsene, Jugendliche, Kinder ver-

knüpfen ideal Vergnügliches und gediegene Information. Zuletzt erschienen – zusammen mit seiner Frau Gudrun Schury – „Schlimme Finger.

Kriminalgeschichte der Künste von Villon bis Beltracchi“ und „Perlen, Perlen, Perlen. Eine Liebeserklärung in sieben schimmernden Kapiteln“. Näheres unter *www.schuressig.de*

Bernd Goldmann
Geboren 1945 in Bad Kissingen, war von 1997 bis 2010 Gründungsdirektor

des Internationalen Künstlerhauses Villa Concordia, Bamberg. Er lehrt als Honorarprofessor Neuere deutsche Literaturwissenschaft / Literaturvermittlung an der Otto-Friedrich-Universität in Bamberg sowie als Honorarprofessor für Kirchliche Kunst und Mitglied des Instituts für Spirituelle Theologie und Religionswissenschaft an der Philosophisch-Theologischen Hochschule Benedikt XVI. Heiligenkreuz.

Mäc Härder
Geboren am 29. Januar 1960 in Bad Neustadt a.d. Saale ist ein fränkischer Kabarettist, Jongleur, Autor und Fern-

sehmoderator. Mäc Härder begann während seines Studiums mit dem Kabarett und spielte von 1985 bis 2000 in der Gruppe TBC (Totales Bamberger Cabaret) und seit 2000 ist er als Solokünstler unterwegs. Seine Spezialität ist die Mischung aus Kabarett und Artistik. Im Frühjahr 2011 wurde er mit dem „Fränkischen Kabarettpreis“ (Sonderpreis) geehrt, im November 2011 bekam er vom Bundesministerium für Wirtschaft und Technologie die Auszeichnung zum „Kultur- und Kreativpiloten Deutschland 2011/2012“.

Gerhard C. Krischker
Geboren 1947 in Bamberg, Studium der Germanistik und Geschichte in Erlangen, Promotion zum Doktor der Philosophie (1975). Seitdem Lektor in

einem Schulbuchverlag (bis 2012). Mitarbeit bei Rundfunk, Fernsehen und Zeitungen. Zahlreiche Auszeichnungen, u.a. Literaturförderpreis der Stadt Nürnberg (1979), Kulturpreis der Oberfränkischen Wirtschaft (1980), Wolfram-von-Eschenbach-Förderpreis (1985), Poetik-Professur der Otto-Friedrich-Universität Bamberg (1997), Frankenwürfel (1999), E.T.A.-Hoffmann-Preis (2004), Mitglied des P.E.N.

Harry Luck

Wurde 1972 in Remscheid geboren, bei der dortigen Lokalzeitung lernte er das journalistische Handwerk. In München studierte er Politikwissenschaften und arbeitete als Landtagsre-

porter und Korrespondent für verschiedene Medien. Er leitete mehrere Jahre das Landesbüro einer Nachrichtenagentur, war Politikchef bei einer Tageszeitung und wurde anschließend stellvertretender Nachrichtenchef bei einem großen Online-Portal. Seit 2012 ist er Pressesprecher und Leiter der Öffentlichkeitsarbeit im Erzbistum Bamberg. 2003 debütierte er als Krimi-Autor, es folgten zehn weitere Kriminalromane und mehrere unterhaltende Sachbücher. Er ist zudem Lehrbeauftragter am Institut für Kommunikationswissenschaft der Uni Bamberg. *www.harry-luck.de*

Paul Maar

Geboren 1937 in Schweinfurt, Autor von mehr als 50 Kinder- und Jugendbüchern, von Hörspielen, Film- und Fernsehdrehbüchern, Theaterstücken für Kinder und Erwachsene, außerdem Illustrator. Seine Bücher und Theater-

stücke sind in mehr als 40 Sprachen übersetzt. Für sein literarisches Schaffen erhielt er zahlreiche Preise, u.a. den Deutschen Jugendliteraturpreis, den Österreichischen Staatspreis, den Brüder-Grimm-Preis, den Friedrich-Rückert-Preis, den E.T.A.-Hoffmann-Preis und den Deutschen Bücherpreis 2003.

Martin Pristl

1968 in Bamberg geboren, ist Journalist und Autor. Er hat mehrere Bücher über Griechenland geschrieben sowie zahlreiche Drehbücher für das Fernsehen. Sein Zweiteiler „Hindenburg" (teamWorx für RTL), den er zusammen mit Johannes Betz verfasst hat, wurde 2011 in der Kategorie „Bester Mehrteiler" mit dem Deutschen Fernsehpreis ausgezeichnet. Nach Jahren in der „Fremde" leben Pristl und seine Frau mit ihrer gemeinsamen Tochter seit 2007 wieder in Bamberg.

Wolfgang Reichmann

An Allerheiligen 1947 das elektrische Licht der Welt erblickt im damaligen Storchennest am Markusplatz. Als

Steißgeburt mit Nabelschnur um den Hals wäre um ein Haar alles ganz anders gekommen. So aber im nahe gelegenen Waizendorf bei netten Bauersleuten zwischen Kühen, Schweinen, Hühnern und Misthaufen aufgewachsen und seit '51 in Bamberg in der Wunderburg ein unbeschwertes Dasein mit „Plärrer", „Fünferles-Steg" und „Luft- und Sonnenbad" gefristet. Lange im Hotel Mama gelebt, nach dem Abitur Lehramt studiert. Neben dem Beruf als Hauptschullehrer erfolgreich beim FC Bamberg in Bundesliga und sogar Nationalmannschaft Basketball gespielt, später als ARD-Reporter über 500 Fußballspiele aus sämtlichen Stadien Deutschlands übertragen. Mittlerweile Auftritte als Kabarettist mit fränkischer Mundart. Seit 2013 Träger des Frankenwürfels und zum Botschafter Bambergs ernannt.

Wolfgang Wußmann
Jahrgang 1948. Bereits 1990, als der Autor noch mitten im aktiven Schuldienst war, begann seine schriftstellerische Karriere. Über die Tätigkeit als Bamberger Gästeführer kam er zum Schreiben von Bamberg-Führern, einem Bamberg-Lexikon, einem Mundart-Wörterbuch, einer ganzen Reihe von Quiz-Büchlein u.v.a. mehr. Den Gärtnern und der Mundart widmete er sein besonderes Augenmerk.

1. Auflage 2017

Autorenfotos: Foto Jürgen Schabel von Kerstin Seidenath; Foto Tanja Kinkel von FinePic, München; Foto Nora Gomriger von Judith Kinitz; Foto Martin Beyer von Andrea M. Müller; Foto Nevfel Cumart von Helmut Ölschlegel; Foto Bernd Goldmann von Ronald Rinklef; Foto Wolfgang Reichmann von Sibylle Kretzschmar
Illustration S. 33 von Paul Maar
Satz und Layout: Heinrichs-Verlag GmbH, Bamberg
Druck und Bindung: StieberDruck GmbH, Lauda-Königshofen
ISBN: 978-3-89889-219-3
Printed in Germany